30 mars 1901

P

Quatorzième Vente Beurdeley

OBJETS D'ART

Riche Ameublement

M. A. BEURDELEY

CATALOGUE

DES

OBJETS D'ART

ET DE

Riche Ameublement

EXÉCUTÉS DANS LES ATELIERS ET SOUS LA DIRECTION

DE

M. A. BEURDELEY

COMPOSANT SA QUATORZIÈME VENTE

(Dernière vente d'Objets fabriqués par M. A. BEURDELEY)

QUI AURA LIEU

HOTEL DROUOT, SALLE N° 6

Le Samedi 30 Mars 1901

A DEUX HEURES

COMMISSAIRE-PRISEUR
Me PAUL CHEVALLIER
10, rue de la Grange-Batelière, 10

EXPERTS
MM. MANNHEIM
7, rue Saint-Georges, 7

EXPOSITION PUBLIQUE

Le Vendredi 29 Mars 1901, de 1 heure 1/2 à 5 heures 1/2

CONDITIONS DE LA VENTE

Elle sera faite au comptant.

Les acquéreurs payeront *dix pour cent* en sus des prix d'adjudication.

L'exposition mettant le public à même de se rendre compte de l'état et de la nature des objets, aucune réclamation ne sera admise une fois l'adjudication prononcée.

Paris. — Imp. de l'Art, E. Moreau et Cie, 41, rue de la Victoire.

DÉSIGNATION DES OBJETS

OBJETS VARIÉS

1 — Deux figures d'enfants se chauffant, en bronze patiné, placés sur des bases en bronze ciselé et doré.

Haut., 17 cent.

2 — Paire de vases ovoïdes, en bronze ciselé, patiné et doré; anses formées de larges feuilles enroulées.

Haut., 53 cent.

3 — Paire de simulacres de buires, en marbre blanc, montées en bronze ciselé et doré, à anses-cariatides d'enfants.

Haut., 33 cent.

4 — Deux simulacres de vases, en bronze ciselé et patiné, à anses-têtes d'animaux chimériques, et décorés sur leur panse d'une frise d'enfants bacchants, d'après Clodion.

Haut., 32 cent.

5 — Baromètre anéroïde, en bronze ciselé et doré, à cadran placé au milieu d'une lyre suspendue par un nœud de rubans et d'où partent des guirlandes de fleurs et des branches de laurier. Le tout est fixé sur une monture en bois.

Haut., 1 m. 58 cent.

6 — Paire de cassolettes, avec couvercles en porcelaine émaillée bleu, montées en bronze ciselé et doré, à décor de mufles de lions, draperies et gorge ajourée.

Haut., 30 cent.

7 — Coupe ovale, en marbre blanc et bronze ciselé et doré, munie de deux anses formées de cariatides de femmes tenant des cornes d'abondance.

Haut., 55 cent.

8 — Paire de colonnes, en granit rose, à chapiteaux ioniques, et bases en bronze ciselé et doré.

Haut., 2 m. 20 cent.

CHENETS

9 — Paire de petits chenets, en bronze ciselé, patiné et doré, formés de figures de petits paysans assis sur des socles à quatre pans. Style Régence.

Haut., 23 cent.

10 — Paire de chenets, en bronze ciselé, patiné et doré, de style Louis XV, formés de rocailles feuillagées au milieu desquelles sont placés un jeune homme prisant et une jeune femme tenant un éventail.

Haut., 40 cent.

11 — Paire de chenets, en bronze ciselé et doré, de style Louis XV, composés de rocailles à larges feuilles, d'où sortent un chien et un loup.

Haut., 29 cent.

12 — Paire de chenets, en bronze ciselé et doré : modèle à vases, galeries et pommes de pin; terrasses à cannelures et rosaces.

Haut., 37 cent.

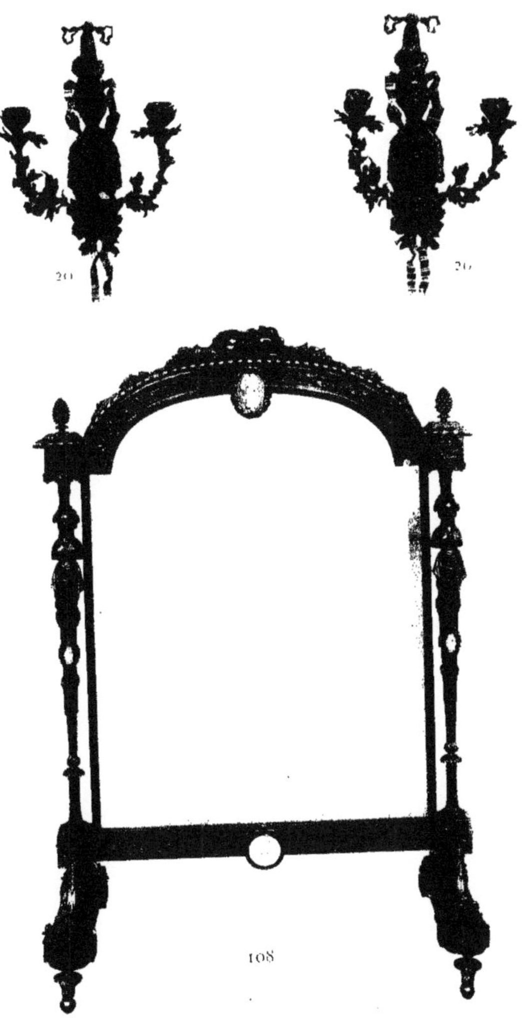
20
20
108

BRAS-APPLIQUES

13 — Paire d'appliques, à deux lumières, en bronze ciselé et doré, de style Louis XV, ornées de feuillages et d'une grosse fleur.

Haut., 46 cent.

14 — Paire d'appliques, à deux lumières, en bronze ciselé et doré, de style Louis XV, à branches contournées, ornées d'un animal chimérique et d'un lézard.

Haut., 53 cent.

15 — Paire de grandes appliques, à trois lumières, en bronze ciselé et doré, de style Louis XV : modèle de forme contournée, à feuilles et fleurs.

Haut., 74 cent.

16 — Paire d'appliques, à deux lumières, en bronze ciselé et doré, de style Louis XV, modèle contourné, à feuillages.

Haut., 59 cent.

17 — Paire d'appliques analogues, mais à branches repercées à jour.

Haut., 44 cent.

18 — Paire d'appliques, à deux lumières, en bronze ciselé et doré, de style Louis XVI, décorées d'un torse d'homme surmonté d'un casque : branches feuillagées.

Haut., 49 cent.

19 — Paire d'appliques, à trois lumières, en bronze ciselé et doré, de style Louis XVI : modèle à vase et cariatide d'enfant, supportant les bras de lumières.

Haut., 59 cent.

20 — Paire d'appliques, à deux lumières, en bronze ciselé et doré, de style Louis XVI : trophée d'armes, mufle de lion et branches de chêne : modèle de la Légion d'Honneur.

Haut., 48 cent.

21 — Paire d'appliques, à deux lumières, en bronze patiné, ciselé et doré, de style Louis XVI, formées de rinceaux feuillagés, que surmontent deux cariatides d'enfants musiciens.

Haut., 41 cent.

22 — Paire d'appliques, à deux lumières, en bronze ciselé et doré, de style Louis XVI, formées d'une cariatide d'enfant engainé, tenant une branche dans chaque main.

Haut., 34 cent.

23 — Paire d'appliques, à deux lumières, en bronze ciselé et doré, à décor de rinceaux en accolade et petit trophée d'armes, à la partie inférieure.

Haut., 48 cent.

24 — Paire d'appliques, à deux lumières, en bronze ciselé et doré, à branches feuillagées : les douilles porte-lumières sont décorées différemment.

Haut., 53 cent.

FLAMBEAUX, CANDÉLABRES, PENDULES

25 — Paire de flambeaux, en bronze ciselé et doré, de style Louis XIV, à tiges balustres et bases circulaires festonnées.

Haut., 255 millim.

26 — Paire de flambeaux analogues, mais à bases hexagonales.

Haut., 25 cent.

27 — Paire de flambeaux analogues, mais à médaillons et à bases carrées, à angles coupés.

Haut., 245 millim.

28 — Pendule, de forme contournée, en bois noir incrusté de cuivre sur écaille, ornée à sa partie supérieure d'une figure d'amour, tenant une faux, à sa partie inférieure d'une figure-applique du Temps couché, et de mascarons et ornements, en bronze ciselé et doré. Style Louis XIV.

Haut., 94 cent.

29 — Paire de flambeaux, en bronze ciselé et doré, de style Louis XV, formés de rocailles sur lesquelles se trouve une figurine d'enfant.

Haut., 26 cent.

30 — Pendule, en bronze ciselé et doré, de style Louis XV, de forme contournée et ornée de feuillages et rinceaux ajourés et reposant sur un socle de même style.

Hauteur totale, 64 cent.

31 — Paire de candélabres, à trois lumières, en bronze ciselé et doré, de style Louis XV, rocailles, feuilles de chêne et glands.

Haut., 58 cent.

32 — Paire de candélabres, à deux lumières, en bronze ciselé et doré, de style Louis XV, branches de forme contournée.

Haut., 33 cent.

33 — Paire de candélabres, à trois lumières, en bronze ciselé et doré, de style Louis XV, branches feuillagées, bobèchons ajourés.

Haut., 38 cent.

34 — Pendule, de forme contournée, en bronze ciselé et doré, de style Louis XV, et surmontée d'un amour couché.

Haut., 48 cent.

35 — Pendule, en bronze ciselé et doré, de style Louis XV ; le cadran, soutenu par des motifs rocaille, est surmonté d'une figure d'enfant, placée sous une treille ajourée. Elle est fixée sur un socle à musique également composé de motifs rocaille.

Haut., 56 cent.

36 — Cartel, en bronze ciselé et doré, de style Louis XV, composé de motifs rocaille fleuris sur lesquels sont placées deux figures d'amours.

Haut., 66 cent.

37 — Paire de candélabres, à trois lumières, en bronze ciselé, patiné et doré, de style Louis XVI, formés de vases enguirlandés à anses figures de faunesses adossées, reliées par des couronnes de roses.

Haut., 85 cent.

38 — Paire de petits flambeaux, en bronze ciselé et doré, de style Louis XVI, formés d'un vase placé sur un fût cannelé.

Haut., 17 cent

39 — Paire de grands candélabres, à trois lumières, en bronze ciselé, patiné et doré, de style Louis XVI, composés d'une figure d'amour, tenant une corne d'abondance d'où sortent des branches de lys formant porte-lumières. Socles en marbre griotte et bronze. Modèle de Fontainebleau.

Haut., 1 m. 06 cent.

40 — Paire de petits flambeaux, en bronze ciselé et doré, de style Louis XVI, modèle à colonnettes cannelées, sur socles à consoles feuillagées.

Haut., 13 cent.

41 — Paire de flambeaux, en bronze ciselé et doré, de style Louis XVI, à triple console renversée sur base triangulaire en marbre blanc.

Haut., 25 cent.

42 — Paire de grands candélabres, à cinq lumières, en bronze ciselé, patiné et doré, de style Louis XVI, formés d'un groupe : femme et amour. La femme tient dans ses bras une corne d'abondance, d'où s'échappent des branches de lys et de roses, formant porte-lumières. Socles en marbre griotte et bronze doré.

Hauteur sans le socle, 1 m. 06 cent.

43 — Pendule, en bronze ciselé et doré, de style Louis XVI, en forme d'édicule, surmonté d'un amour tenant un coq. Base en marbre blanc, ornée de grecques en bronze doré.

Haut., 61 cent.

44 — Petite pendule, à cadran tournant, en bronze ciselé et doré, de style Louis XVI, formée d'un vase à anses feuillagées, orné de mascarons et reposant sur un fût de colonne cannelée.

Haut., 32 cent.

45 — Paire de candélabres, à trois lumières, en bronze ciselé, patiné et doré, de style Louis XVI : une statuette de femme, vêtue d'une draperie, tient de ses deux mains une corne d'abondance, d'où s'échappe le bouquet de lumières. Socles en marbre blanc et bleu-turquin.

Haut., 92 cent.

46 — Garniture, composée d'une pendule et de deux candélabres en bronze ciselé, bleui et doré, de style Louis XVI. La pendule simulant un édicule est surmontée des attributs de l'Amour, et repose sur huit pieds-toupies. Les candélabres, à trois lumières, sont formés d'une figure de Sirène, terminée par des feuillages, et tenant le bouquet de lumières ; bases rectangulaires avec petits médaillons de biscuit.

Hauteur de la pendule, 40 cent.

47 — Paire de candélabres, à trois lumières, en bronze ciselé, patiné et doré, de style Louis XVI : figures de l'Amour et de Zéphyre tenant le bouquet de lumières. Socles en marbre bleu-turquin.

Haut., 485 millim.

48 — Pendule, à cadran tournant, en bronze ciselé et doré, de style Louis XVI, formée d'un vase enguirlandé de feuilles de vigne, sur socle cylindrique de même décor.

Haut., 51 cent.

49 — Paire de candélabres, à sept lumières, en marbre vert d'Égypte et bronze ciselé et doré, de style Louis XVI, formés d'un trépied à têtes de bacchants, surmonté d'un vase d'où s'échappe le bouquet de lumières.

Haut., 64 cent.

50 — Paire de candélabres, à trois lumières, en marbre gris et bronze ciselé et doré, de style Louis XVI ; le vase est orné de draperies et de têtes de béliers. Socles en bronze doré.

Haut., 32 cent.

51 — Paire de candélabres, à trois lumières, en bronze ciselé, patiné et doré, de style Louis XVI : amours tenant des branches de roses. Socles en marbres de couleur.

Haut., 55 cent.

52 — Pendule-cage en bronze ciselé et doré, cantonnée de quatre balustres supportant un fronton cintré. Style Louis XVI.

Haut., 38 cent.

53 — Paire de candélabres, à dix lumières, en bronze ciselé et doré, de style Louis XVI ; vase bleui à long col, supporté par un trépied à têtes d'aigles et pieds de biches ; le long du col sont disposées des branches porte-lumières terminées par trois têtes de coqs. Modèle de Compiègne.

Haut., 90 cent.

54 — Pendule en marbre blanc et bronze ciselé et doré, de style Louis XVI ; le mouvement est contenu dans un fût de colonne, surmonté d'une sphère sur laquelle se trouvent deux colombes. D'un côté, est placée une statuette de femme tenant une lyre ; de l'autre, un amour sur des nuages.

Haut., 38 cent.

55 — Paire de candélabres, à dix lumières, en bronze ciselé et doré, de style Louis XVI ; vase bleui compris entre trois montants enguirlandés, à pieds de biches, supportant les bras de lumières.

Haut., 90 cent.

56 — Pendule en bronze ciselé et doré, de style Louis XVI, à cadran supporté par un motif architectural et soutenu d'un côté par une figurine de femme, de l'autre par une figurine d'enfant. Socle en marbre blanc.

Haut., 34 cent.

57 — Paire de candélabres, à cinq lumières, en bronze ciselé, patiné et doré, de style Louis XVI ; vases à anses-serpents, d'où s'échappe un bouquet de lys porte-lumières.

Haut., 89 cent.

58 — Pendule en marbre blanc et bronze ciselé et doré, de style Louis XVI, formée d'un édicule décoré de consoles renversées, mascarons-têtes de femmes, corbeilles de fruits, etc., et surmontée d'un vase de flammes sur chapiteau ionique.

Haut., 45 cent.

59 — Paire de candélabres, à quatre lumières, en bronze ciselé, patiné et doré, de style Louis XVI : femmes drapées élevant au-dessus de leur tête les bouquets de lumières ; socles en marbre blanc.

Haut., 91 cent.

60 — Pendule en marbre blanc et bronze ciselé et doré, en forme d'édicule cantonné de balustres, surmonté d'un vase et décoré de rinceaux feuillagés. Style Louis XVI.

Haut., 41 cent.

61 — Paire de candélabres, à cinq lumières, en bronze ciselé, patiné et doré, de style Louis XVI : figures de femmes, d'après Marin, appuyées à des vases porte-lumières.

Haut., 77 cent.

62 — Pendule a cage, ornée sur sa façade de rinceaux et surmontée d'un groupe de deux colombes, en bronze ciselé et doré. Socle en marbre rouge-griotte. Style Louis XVI.

Haut., 35 cent.

63 — Paire de candélabres, à trois lumières, en bronze ciselé et doré, de style Louis XVI : cariatides feuillagées adossées, supportant un vase d'où s'échappe le bouquet de lumières. Socles en marbre blanc et bronze doré.

Haut., 69 cent.

64 — Cartel en bronze ciselé et doré, de style Louis XVI : modèle à vase de flammes, tête de bélier, guirlandes et draperies.

Haut., 79 cent.

65 — Paire de candélabres, à trois lumières, en bronze ciselé, patiné et doré, de style Louis XVI : femmes drapées, tenant une corne d'abondance d'où s'échappe le bouquet de lumières, orné de têtes de coqs, de feuilles de vigne et d'un serpent enroulé autour de la tige centrale. Socles en marbre rouge-griotte. Modèle du Garde-meuble.

Haut., 98 cent.

66 — Flambeau de bouillotte, à trois lumières, en bronze ciselé et doré. Style Louis XVI.

Haut., 58 cent.

67 — Paire de candélabres, à deux lumières, en bronzé ciselé, patiné et doré, de style Louis XVI : enfants bacchants, tenant dans leurs bras deux cornes d'abondance. Modèle du Garde-meuble.

Haut., 39 cent.

68 — Paire de candélabres, à trois lumières, en bronze ciselé, patiné et doré, de style Louis XVI : amours tenant une longue tige porte-lumières. Socles en marbre blanc.

Haut., 58 cent.

69 — Paire de candélabres, à trois lumières, en bronze ciselé, patiné et doré, de style Louis XVI : enfants tenant une branche feuillagée porte-lumières. Socles cannelés en marbre blanc.

Haut., 62 cent.

70 — Paire de candélabres, à cinq lumières, en bronze ciselé et doré, de style Louis XVI : têtes de béliers, branches feuillagées.

Haut., 52 cent.

71 — Deux grands flambeaux, en bronze ciselé et doré, de style Louis XVI : tige à grosses feuilles. Ils sont disposés pour l'électricité.

Haut., 51 cent.

72 — Pendule, en bronze ciselé et doré, surmontée de cornes d'abondance et d'une couronne de feuilles de chêne, et placée sur un chapiteau ionique enguirlandé. Socle en marbre griotte et contre-socle en bronze.

Haut., 54 cent.

73 — Garniture composée d'une pendule et de deux candélabres, en bronze ciselé, patiné et doré. La pendule est formée d'un édicule en marbre blanc, à fronton cintré, sur lequel est placé une statuette de femme assise, tenant une corne d'abondance ; de chaque côté, un amour. Les candélabres, à six lumières, sont supportés par deux amours, l'un debout, l'autre assis. Bases en marbre blanc.

Hauteur de la pendule, 62 cent.

74 — Pendule, en bronze ciselé, patiné et doré, en forme d'édicule, surmonté de deux carquois et d'une colombe et accosté de deux enfants tenant des fleurs. Base en marbre blanc.

Haut., 35 cent.

75 — Garniture composée d'une pendule et de deux candélabres, en bronze ciselé et doré. Le cadran, soutenu par deux aigles et surmonté de festons de fleurs, repose sur une terrasse ajourée, ornée en son centre d'un bas-relief, attributs champêtres. Les candélabres à trois lumières, soutenus par deux sirènes ailées, terminées par des rinceaux feuillagés, reposent également sur une terrasse ajourée.

Hauteur de la pendule, 42 cent.

76 — Pendule, en bronze ciselé et doré, formée d'un édicule surmonté d'un vase, de rinceaux et de deux vases, plus petits ; elle est accostée de deux consoles feuillagées, renversées et repose sur une base rectangulaire, à angles saillants, décorée d'une frise de rinceaux fleuris.

Haut., 45 cent.

77 — Paire de candélabres, à quatre lumières, en bronze ciselé, patiné et doré, formés d'un vase à anses-têtes d'animaux chimériques, décoré sur la panse d'une frise de jeux d'enfants, d'après Clodion. Base en marbre rouge antique.

Haut., 36 cent.

78 — Cartel, en bronze ciselé et doré, modèle à têtes de b éliers mascaron-tête de femme et grosse graine d'amortissement.

Haut., 68 cent.

79 — Grande pendule, en bronze ciselé, patiné et doré, deux amours sont placés de chaque côté du cadran que surmontent des branches de laurier enrubannées.

Haut., 68 cent.

80 — Paire de bouts de table, à trois lumières, en bronze ciselé et doré, à décor de mufles de lions, guirlandes, tore de laurier, etc.

Haut., 32 cent.

81 — Pendule, en bronze ciselé et doré, en forme d'édicule, cantonné par quatre cariatides d'enfants, et surmonté d'un vase à anses-têtes de béliers et enguirlandé de feuilles de chêne.

Haut., 45 cent.

82 — Pendule, en bronze ciselé et doré, de style Régence, surmontée d'une figure d'Hercule enfant, armé d'un arc et combattant un serpent. Au-dessous du cadran, se trouve un trophée allégorique de l'astronomie.

Haut., 48 cent.

83 — Garniture composée d'une pendule et de deux candélabres, en bronze ciselé, patiné et doré. Le cadran, accosté de deux enfants guerriers, est surmonté de deux colombes. Les candélabres sont formés de deux enfants assis sur des socles en marbre rouge griotte et tenant les lumières.

Hauteur de la pendule, 26 cent.

84 — Pendule, en bronze ciselé, patiné et doré ; elle est composée d'un tonnelet et de deux enfants vendangeurs. Base en marbre blanc.

Haut., 37 cent.

85 — Pendule, en bronze ciselé et doré, à cadran placé sur une gaine triangulaire, autour de laquelle se trouvent trois enfants bacchants et satyres en diverses attitudes.

Haut., 49 cent.

LANTERNES ET LUSTRES

86 — Lanterne de vestibule, en bronze ciselé et doré, de forme carrée, à monture composée de balustres et de pommes de pin. Disposée pour l'électricité.

Haut., 93 cent.

87 — Grande lanterne cylindrique, à quatre lumières, en bronze ciselé et doré, à décor de statuettes de femmes, d'aigles, d'enfants enguirlandés, tenant des couronnes, etc. Modèle de la collection Hamilton.

Haut., 1 m. 30 cent.

88 — Lustre, à seize lumières, en bronze ciselé et doré, de style Louis XIV : modèle à têtes d'enfants-bacchants, consoles, graines, etc. Il est disposé pour l'électricité.

Haut., 67 cent.

89 — Lustre, à huit lumières, en bronze ciselé et doré, de style Louis XVI, à décor de mascarons de faunes, rinceaux feuillagés, et torche enflammée.

Haut., 75 cent.

MEUBLES

90 — Meuble a bijoux, en ébène, ouvrant à une porte, et renfermant quatre petits tiroirs ; il repose sur un socle à quatre pieds contournés, muni de deux tiroirs. Il est orné de nombreux motifs en bronze ciselé et doré, tels que chutes, pieds-griffes, trophées d'instruments de musique, guirlandes, etc. Style Louis XIV.

Haut., 1 m. 30 cent.

91-92 — Deux petites tables de dame, en bois satiné, renfermant deux tiroirs et une tablette mobile ; chutes et sabots en bronze ciselé et doré. Style Louis XV.

Haut., 69 cent.

93 — Deux petites tables de dame, en marqueterie de bois de rose et amaranthe, munies d'un tiroir et ornées de chutes et sabots en bronze ciselé et doré. Style Louis XV.

Haut., 70 cent.

94 — Petit meuble à bijoux, en marqueterie de bois de couleur, à abattant, contenant une glace et de nombreux tiroirs. Il repose sur une table munie d'un tiroir et d'une tablette d'entrejambes. Ornements en bronze ciselé et doré. Style Louis XV. Modèle de Boudin.

Haut., 1 mètre.

95 — Petit bureau à dos d'âne, en marqueterie de bois de rose et violette : l'intérieur renferme trois tiroirs. Il est orné de chutes, sabots et entrée de serrure en bronze ciselé et doré. Style Louis XV.

Haut., 85 cent.; larg., 71 cent.; prof., 45 cent.

96 — Secrétaire, en marqueterie de bois de rose, violette et amaranthe, muni d'un abattant découvrant quatre tiroirs et quatre compartiments, et d'une armoire ouvrant à deux portes. Chutes, sabots, entrées de serrures en bronze ciselé et doré. Style Louis XV. Dessus de marbre brocatelle.

Haut., 1 m. 15 cent.; larg., 62 cent.; prof., 35 cent.

97 — Gaine, en bois sculpté et peint blanc, de style Louis XVI, à décor de guirlandes de fleurs, mascaron tête de femme, vase, lyre, etc. Modèle du Louvre.

Haut., 1 m. 70 cent.

98 — Secrétaire en bois de placage, à décor de panneaux en laque du Japon, ouvrant à abattant et muni d'un tiroir. Il repose sur une table-console à quatre pieds-balustres à chapiteaux composites reliés par une entretoise ajourée. Il est garni de bronzes ciselés et dorés, tels que : cariatides de femmes, rinceaux feuillagés, chutes, entrées de serrures, etc. Dessus de marbre brocatelle. Style Louis XVI.

Haut., 1 m. 30 cent.; larg., 71 cent.; prof., 39 cent.

99 — Vitrine, à fond de glace, en acajou, ouvrant à deux portes et reposant sur quatre pieds reliés par un croisillon, orné en son centre d'un panier. Elle est décorée de bronzes ciselés et dorés. Style Louis XVI. D'après Gouthières.

Haut., 1 m. 77 cent.; larg., 93 cent.; prof., 38 cent.

100 — Petit meuble d'entre-deux en ébène, à hauteur d'appui, formant étagère, à côtés cintrés et reposant sur quatre pieds cannelés. Il est muni d'un tiroir et est garni de nombreux ornements en bronze ciselé et doré. Tablettes de marbre blanc. Style Louis XVI. Modèle de Versailles.

Haut. 89 cent; larg., 81 cent.; prof., 38 cent.

101 — Secrétaire a secret, à abattant, en acajou ronceux, de style Louis XVI; il repose sur une table-console à tablette d'entre-jambes, munie d'un tiroir. Bas-relief, chutes, entrées de serrures en bronze ciselé et doré. Dessus de marbre.

Haut., 1 m. [illegible] cent : larg., 65 cent.; prof., 38 cent.

102 — Bureau à cylindre à toutes faces, en bois satiné, à décor de quadrillés, avec médaillon central en marqueterie de bois de couleur, à trophées d'instruments de musique; il est orné, en bronze ciselé et doré au mat, de bas-reliefs, poignées de tirage, galerie ajourée, guirlandes de fleurs, sabots, etc. L'intérieur également en bois satiné et garni de bronzes, est muni de compartiments et de quatre tiroirs. Style Louis XVI. Modèle de Trianon.

Haut., 1 m. 5 cent : larg., 1 m. 14 cent : prof., 65 cent.

103 — Table-console en bois sculpté, ajouré et peint blanc, reposant sur quatre pieds-colonnettes reliés par une entretoise en forme de double-lyre et carapace de tortue surmontée d'un amour. Elle est décorée d'enfants, de rinceaux, guirlandes de fleurs, etc. Dessus de marbre rose de Tunisie. Style Louis XVI.

Haut., 91 cent.; larg., 1 m. 27 cent.

104 — Table de milieu en marqueterie de bois de couleur, décorée d'un amour placé entre deux rinceaux. Elle repose sur quatre pieds carrés, est munie de deux tiroirs et est décorée de bas-reliefs, rinceaux et rangs de perles en bronze ciselé et doré. Style Louis XVI. Modèle de Riesener.

Haut., 79 cent.; larg., 1 m. 15 cent.

105 — Petite table en acajou ronceux, munie d'un tiroir et d'une tablette d'entre-jambes; elle est ornée de galeries simulant la vannerie et de rinceaux en bronze ciselé et doré. Style Louis XVI.

Haut., 70 cent.; larg., 71 cent.

106 — Meuble d'entre-deux à hauteur d'appui, en bois d'ébène et d'acajou moiré, ouvrant à deux portes et muni de deux tiroirs. Il repose sur quatre pieds et est décoré de mascarons, trophées enguirlandés, carquois, tores de laurier, rinceaux, etc., en bronze ciselé et doré. Style Louis XVI. Dessus de marbre blanc.

Haut., 90 cent.; larg., 96 cent.; prof., 53 cent.

107 — Meuble d'entre-deux à hauteur d'appui, à côtés cintrés, ouvrant à deux portes et muni d'un tiroir. Il est orné de panneaux en ancienne laque du Japon et d'ornements en bronze ciselé et doré, tels que balustres, frises, encadrements, etc. Style Louis XVI. Dessus de marbre blanc.

Haut., 98 cent.; larg., 1 m. 25 cent.; prof., 48 cent.

108 — Écran formé d'une glace biseautée, dans une monture en bronze ciselé et doré, avec fonds bleuis; il est décoré de cariatides, cornes d'abondance, guirlandes de fleurs, pommes de pin, etc. Style Louis XVI.

Haut., 1 m. 3 cent.

109 — Vitrine en bois sculpté, ajouré et peint blanc, à fronton cintré soutenu par des colonnettes cannelées. Elle ouvre à deux portes et repose sur une table-console à quatre pieds reliés par un croisillon surmonté d'un vase. Elle est décorée de rinceaux, guirlandes, vases, etc.

Haut., 2 m. 31 cent.; larg., 1 m. 4 cent.; prof., 50 cent.

51

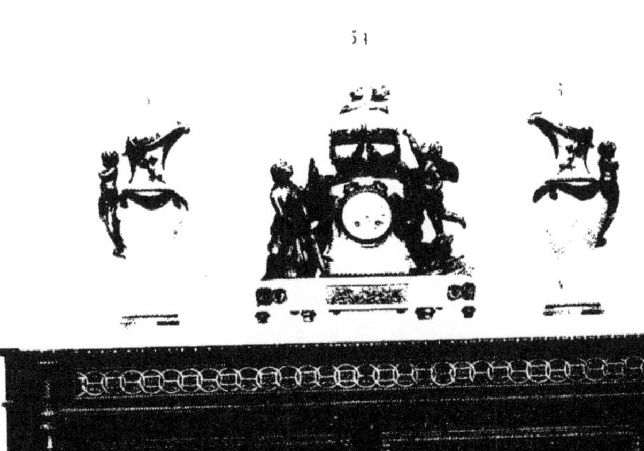

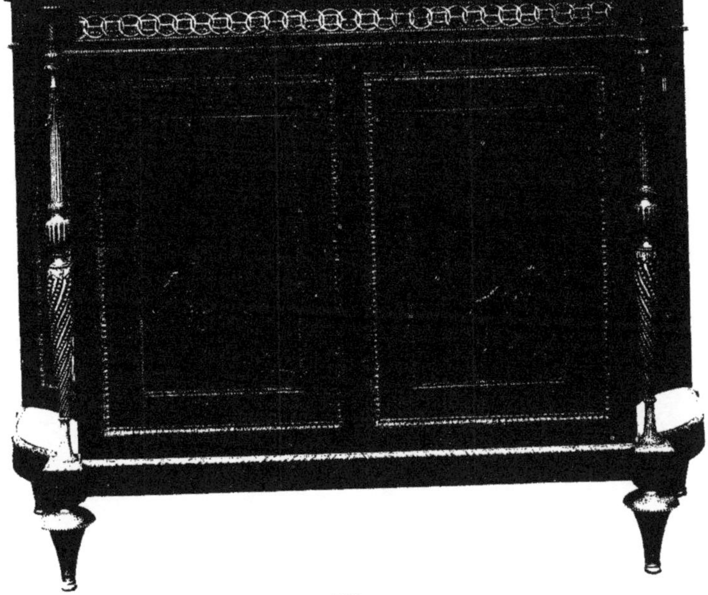

107

Phototypie Berthaud, Paris

110 — VITRINE en bois de rose et amaranthe, ouvrant à deux portes; sabots en bronze doré ; dessus de marbre brèche d'Alep.

Haut., 1 m. 30 cent.; larg., 1 m. 3 cent.; prof., 34 cent.

111 — DEUX PETITS GUÉRIDONS RONDS en acajou ronceux, à tablette d'entre-jambes, galeries de cuivre et tiroirs; ils reposent sur trois pieds et sont ornés de chutes et sabots en bronze ciselé et doré.

Haut., 75 cent.; diam., 27 cent.

Vitrine bois rose et amaranthe 6[illegible]

www.ingramcontent.com/pod-product-compliance
Ingram Content Group UK Ltd.
Pitfield, Milton Keynes, MK11 3LW, UK
UKHW021030260726
13994UKWH00005B/2062

9 782329 516509